WEEKLY WR READER®
EARLY LEARNING LIBRARY

Nature's Food Chains/Las cadenas alimentarias en la naturaleza

What Grassland Animals Eat / ¿Qué comen los animales de las praderas?

by/por Joanne Mattern

Reading consultant/Consultora de lectura: Susan Nations, M.Ed.,
author/literacy coach/consultant/autora/tutora de alfabetización/consultora

Science and curriculum consultant/Consultora de ciencias y contenido curricular: Debra Voege, M.A.,
science and math curriculum resource teacher/maestra de recursos curriculares de ciencias y matemáticas

Please visit our web site at: www.garethstevens.com
For a free color catalog describing Weekly Reader® Early Learning Library's list
of high-quality books, call 1-877-445-5824 (USA) or 1-800-387-3178 (Canada).
Weekly Reader® Early Learning Library's fax: (414) 336-0164.

Library of Congress Cataloging-in-Publication Data

Mattern, Joanne, 1963-
   [What grassland animals eat. Spanish & English]
   What grassland animals eat = Qué comen los animales de las praderas? / Joanne Mattern.
      p. cm. — (Nature's food chains = Las cadenas alimentarias en la naturaleza)
   Includes bibliographical references and index.
   ISBN-10: 0-8368-7373-4 — ISBN-13: 978-0-8368-7373-3 (lib. bdg.)
   ISBN-10: 0-8368-7380-7 — ISBN-13: 978-0-8368-7380-1 (softcover)
   1. Grassland animals—Food—Juvenile literature.   2. Food chains (Ecology)—Juvenile literature.
I. Title.   II. Title: Qué comen los animales de las praderas?
   QL115.3.M283   2007b
   591.74—dc22   2006018416

This edition first published in 2007 by
Weekly Reader® Early Learning Library
A Member of the WRC Media Family of Companies
330 West Olive Street, Suite 100
Milwaukee, WI 53212 USA

Editor: Barbara Kiely Miller
Art direction: Tammy West
Cover design, page layout, and illustrations: Dave Kowalski
Picture research: Diane Laska-Swanke
Translators: Tatiana Acosta and Guillermo Gutiérrez

Picture credits: Cover, title, pp. 7, 11 © Tom and Pat Leeson; p. 5 © Gary Meszaros/Visuals Unlimited;
p. 9 © Jeff Foott/naturepl.com; p. 13 © W. Perry Conway/CORBIS; p. 15 © Mary Ann McDonald/CORBIS;
p. 17 © Jack Ballard/Visuals Unlimited; p. 19 © D. Robert & Lorri Franz/CORBIS

Printed in the United States of America

1 2 3 4 5 6 7 8 9 10 09 08 07 06

Note to Educators and Parents

Reading is such an exciting adventure for young children! They are beginning to integrate their oral language skills with written language. To encourage children along the path to early literacy, books must be colorful, engaging, and interesting; they should invite the young reader to explore both the print and the pictures.

The *Nature's Food Chains* series is designed to help children learn about the interrelationships between animals in a food chain. In each book, young readers will learn interesting facts about what animals eat in different habitats and how food chains are connected into food webs.

Each book is specially designed to support the young reader in the reading process. The familiar topics are appealing to young children and invite them to read — and reread — again and again. The full-color photographs and enhanced text further support the student during the reading process.

In addition to serving as wonderful picture books in schools, libraries, homes, and other places where children learn to love reading, these books are specifically intended to be read within an instructional guided reading group. This small group setting allows beginning readers to work with a fluent adult model as they make meaning from the text. After children develop fluency with the text and content, the book can be read independently. Children and adults alike will find these books supportive, engaging, and fun!

— Susan Nations, M.Ed., author, literacy coach,
and consultant in literacy development

Nota para los maestros y los padres

¡Leer es una aventura tan emocionante para los niños pequeños! A esta edad están comenzando a integrar su manejo del lenguaje oral con el lenguaje escrito. Para animar a los niños en el camino de la lectura incipiente, los libros deben ser coloridos, estimulantes e interesantes; deben invitar a los jóvenes lectores a explorar la letra impresa y las ilustraciones.

La colección *Las cadenas alimentarias en la naturaleza* está diseñada para ayudar a los niños a conocer cómo se relacionan los animales en una cadena alimentaria. En cada libro, los niños aprenderán datos interesantes sobre lo que comen los animales en diferentes hábitats y cómo las cadenas alimentarias se integran en redes alimentarias.

Cada libro está especialmente diseñado para ayudar al joven lector en el proceso de lectura. Los temas familiares llaman la atención de los niños y los invitan a leer —y releer— una y otra vez. Las fotografías a todo color y el tamaño de la letra ayudan aún más al estudiante en el proceso de lectura.

Además de servir como maravillosos libros ilustrados en escuelas, bibliotecas, hogares y otros lugares donde los niños aprenden a amar la lectura, estos libros han sido especialmente concebidos para ser leídos en un grupo de lectura guiada. Este contexto permite que los lectores incipientes trabajen con un adulto que domina la lectura mientras van determinando el significado del texto. Una vez que los niños dominan el texto y el contenido, el libro puede ser leído de manera independiente. ¡Estos libros les resultarán útiles, estimulantes y divertidos a niños y a adultos por igual!

— Susan Nations, M.Ed., autora/tutora de alfabetización/
consultora de desarrollo de la lectura

All living things need food to live and grow. Some animals eat plants. Some eat smaller animals. These **bison** are part of a grassland food chain. A **food chain** shows the order of who eats what.

- -

Todos los seres vivos necesitan alimentos para vivir y crecer. Algunos animales comen plantas. Otros se alimentan de animales más pequeños. Estos **bisontes** forman parte de una cadena alimentaria de la **pradera**. Una **cadena alimentaria** muestra quién come qué y en qué orden.

Grasslands in North America are called **prairies**. Plants are at the bottom of prairie food chains. They make their own food from sunshine, water, and air. This **prairie dog** eats plants.

- -

En América del Norte hay grandes extensiones de hierba llamadas praderas. En la base de las cadenas alimentarias de las praderas se encuentran las plantas. Éstas usan la luz del sol, el agua y el aire para producir su propio alimento. Este **perro de las praderas** come plantas.

FOOD CHAIN/CADENA ALIMENTARIA

Prairie Dog/Perro de las praderas

Plants/Plantas

Larger animals eat prairie dogs.
This snake eats prairie dogs.

- - - - - - - - - - - - - - - - - - -

Animales más grandes se comen a los
perros de las praderas. Esta serpiente
come perros de las praderas.

FOOD CHAIN/CADENA ALIMENTARIA

Snake/Serpiente

Prairie Dog/Perro de las praderas

Plants/Plantas

9

Hawks look for small animals on the ground.
This hawk is looking for a snake to eat.
Hawks are at the top of their food chains.
No other animals eat them.

Los halcones rastrean el suelo en busca de
animales más pequeños. Este halcón está
buscando una serpiente para comérsela.
Los halcones están en la parte más alta
de su cadena alimentaria. Ningún otro
animal se los come.

FOOD CHAIN/CADENA ALIMENTARIA

Hawk/Halcón

Snake/Serpiente

Prairie Dog/Perro de las praderas

Plants/Plantas

11

Prairies have many food chains. Prairie dogs are eaten by snakes. But other animals eat them, too. This **badger** is digging up a prairie dog hole.

En las praderas hay muchas cadenas alimentarias. Las serpientes comen perros de las praderas. Pero éstos también sirven de alimento a otros animales. Este **tejón** está escarbando en la madriguera de un perro de las praderas.

FOOD CHAIN/CADENA ALIMENTARIA

Badger/Tejón

Prairie Dog/Perro de las praderas

Plants/Plantas

13

Then a bigger animal may eat the badger.
Coyotes (keye O tees) eat badgers. Coyotes
are usually at the top of their grassland
food chains.

- -

Después, un animal más grande podría
comerse al tejón. Los coyotes comen tejones.
Los coyotes suelen estar en la parte más alta
en las cadenas alimentarias de las praderas.

FOOD CHAIN/CADENA ALIMENTARIA

Coyote/Coyote

↑

Badger/Tejón

↑

Prairie Dog/Perro de las praderas

↑

Plants/Plantas

Bison are usually at the top of their food chains. They eat plants. Only young or sick bison are eaten by other animals.

Los bisontes suelen estar en la parte más alta de sus cadenas alimentarias. Estos animales comen plantas. Sólo las crías o los bisontes enfermos sirven de alimento a otros animales.

FOOD CHAIN/CADENA ALIMENTARIA

Bison/Bisonte

Plants/Plantas

17

An animal or plant can be part of more than one food chain. This badger eats plants and prairie dogs. But it will eat this snake, too! Coyotes also eat these foods. Eating many kinds of foods helps animals stay alive.

Una planta o un animal pueden formar parte de más de una cadena alimentaria. Este tejón come plantas y perros de las praderas. ¡Pero también se comerá a esta serpiente! Todos esos animales también sirven de alimento a los coyotes. Gracias a que comen muchas clases de alimentos, los animales pueden sobrevivir.

A **food web** is formed when two or more food chains are **connected**. Animals that are part of more than one food chain connect the chains. Food webs show that animals have many things to eat!

- - - - - - - - - - - - - - - - - - - -

Cuando dos o más **cadenas** alimentarias se conectan, se forma una **red alimentaria**. Las cadenas se conectan gracias a los animales que forman parte de más de una cadena alimentaria. ¡Las redes alimentarias nos enseñan que los animales comen muchas cosas!

A Grassland Food Web/Una red alimentaria de las praderas

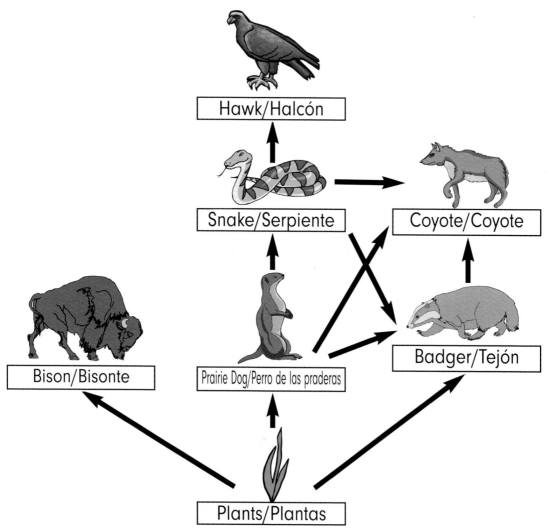

Hawk/Halcón

Snake/Serpiente

Coyote/Coyote

Prairie Dog/Perro de las praderas

Badger/Tejón

Bison/Bisonte

Plants/Plantas

21

Glossary

badger — an animal that lives underground

bison — large animals that have a large head; a shaggy, dark-brown mane; and short, curved horns. Bison are also called buffalo.

food chain — a list of living things, in which each plant or animal is eaten by the next animal on the list

food web — food chains that are connected by a plant or animal that is common to both chains

prairie dog — a small animal that lives underground in the center of North America. Prairie dogs live together in large numbers.

Glosario

bisontes — animales de gran tamaño que tienen una cabeza grande, una melena desgreñada color café oscuro y cuernos cortos y curvos

cadena alimentaria — lista de seres vivos en la que cada planta o animal sirve de alimento al siguiente animal de la lista

perro de las praderas — animal pequeño que vive bajo tierra en la zona central de América del Norte. Los perros de las praderas viven juntos en grupos numerosos.

red alimentaria — conexión de cadenas alimentarias que están unidas por una planta o animal que forma parte de ambas cadenas

tejón — animal que vive bajo la tierra

For More Information/Más información

Books

Grassland Animals. Animals of the Biomes (series).
   Christy Steele (Raintree)

Peeking Prairie Dogs. Pull Ahead Books (series).
   Christine Zuchora-Walski (Sagebrush)

Red-Tailed Hawks. Really Wild Life of Birds of Prey (series).
   Doug Wechsler (PowerKids Press)

Who Eats Who in Grasslands. Food Chains in Action (series).
   Moira Butterfield (Franklin Watts)

Libros

Animales y plantas viven aqui. George Wong
   (National Geographic School Publishing)

Serpientes. Zoobooks (series). John Bonnett Wexo (Wildlife Education, Ltd.)

Index

Índice

About the Author

Joanne Mattern has written more than one hundred and fifty books for children. Joanne also works in her local library. She lives in New York State with her husband, three daughters, and assorted pets. She enjoys animals, music, going to baseball games, reading, and visiting schools to talk about her books.

Información sobre la autora

Joanne Mattern ha escrito más de ciento cincuenta libros para niños. Además, Joanne trabaja en la biblioteca de su comunidad. Vive en el estado de Nueva York con su esposo, sus tres hijas y varias mascotas. A Joanne le gustan los animales, la música, ir al béisbol, leer y hacer visitas a las escuelas para hablar de sus libros.